5 APRENDIZADOS DA PEDAGOGIA DE JESUS

CANÍSIO MAYER

5 APRENDIZADOS DA PEDAGOGIA DE JESUS

A sabedoria pedagógica de Jesus no desafio de Educar

EDITORA
SANTUÁRIO

Dados Internacionais de Catalogação na Publicação (CIP) de acordo com ISBD

M468c Mayer, Canísio

5 aprendizados da pedagogia de Jesus: a sabedoria pedagógica de Jesus no desafio de Educar / Canísio Mayer. - Aparecida : Editora Santuário, 2022.
80 p. ; 14cm x 21cm.

Inclui índice.
ISBN: 978-65-5527-209-3

1. Religião. 2. Cristianismo. 3. Pedagogia. 4. Jesus. I. Título.

2022-1629 CDD 240
CDU 24

Elaborado por Vagner Rodolfo da Silva - CRB-8/9410

Índice para catálogo sistemático:
1. Religião : Cristianismo 240
2. Religião : Cristianismo 24

1ª impressão

Rua Pe. Claro Monteiro, 342 – 12570-000 – Aparecida-SP
Tel.: 12 3104-2000 – Televendas: 0800 - 0 16 00 04
www.editorasantuario.com.br
vendas@editorasantuario.com.br

A SABEDORIA PEDAGÓGICA DE JESUS EM NOSSA VIDA

Os Livros Bíblicos, especialmente aqueles que narram as passagens da vida de Jesus, constituem uma importante fonte orientativa para nossa vida pelos importantes direcionamentos espirituais que, por vezes, buscamos.

É como se ali encontrássemos testemunhos de uma época para uma aplicação prática em nosso cotidiano. No entanto, a depender de contextos, culturas, objetivos e principalmente do perfil pessoal de quem ousa transmitir a mensagem, algumas interpretações errôneas e eivadas de preconceitos de diversas ordens podem fazer dos escritos uma forma de controle do outro e satisfação do próprio ego, desvirtuando assim o real ensinamento que Jesus deixou.

O livro *5 aprendizados na Pedagogia de Jesus: A sabedoria pedagógica de Jesus no desafio de Educar* busca desmitificar equívocos. É muito mais que uma análise interpretativa de uma coleção de Livros Bíblicos, é a inversão da lente para a realidade atual e da época baseada na essência de Jesus. É o convite para um olhar interior inspirado no modelo de Cristo e não em vaidades inventadas. Uma radiografia que nos permite analisar nosso modo de vida, nossos medos, nossas alegrias, fraquezas e, principalmente, nossa relação com o outro.

Por meio da leitura cuidadosa da análise e das interpretações do autor, de suas diversas ponderações, pistas e questões abordadas, é possível enxergar-se e enxergar-se como ser gregário e social, refletindo, a cada parágrafo, sua atitude no mundo, e, dessa forma, avaliar por quantas vezes se agiu em nome de Jesus de forma totalmente contrária a seu exemplo.

A cada questão pontuada, é evidente perceber, em nossa realidade, visões cegas e pretendentes à perfeição, mas que, na verdade, agem pela hipocrisia e, de forma preconceituosa, condenam até mesmo a essência humana como se essa passasse ao largo do que julgam correto; desconsideram que Jesus se fez humano no amor, na alegria, na compaixão, na liberdade, na simplicidade e no serviço.

O leitor tem em mãos a sutil e delicada Pedagogia de Jesus, com a força brusca de uma mudança de paradigma, na qual é preciso coragem para adentrar, já que o fará se despir de suas capas, soltar as pedras que traz nas mãos e entrar em contato com uma versão simples e profundamente humana.

Sonia Vidal
Advogada, Agente em Direitos Humanos e
Orientadora Espiritual

ESTE LIVRO É PARA VOCÊ

1. Se você ama viver, se você gosta de interpretar a vida e se você tem prazer em ler bons livros.

2. Se você se considera aprendiz e deseja crescer na vida.

3. Se você quer aprimorar seu jeito de ser e de se relacionar com pessoas e grupos.

4. Se você quer mergulhar na força e na sabedoria pedagógica de cinco textos bíblicos, que podem projetar luz sobre sua vida e fazer toda a diferença em seu jeito de encarar seu dia a dia.

5. Se você ama presentear pessoas e se presentear.

6. Se você sente o valor e a necessidade de investir em você mesmo.

7. Se você quer compreender e melhorar seu jeito pedagógico de ser, isto é, agir com sabedoria e inteligência, ser profundamente humano e assertivo em seu jeito de ser, viver e proceder.

ÓTICA PEDAGÓGICA DO LIVRO

"O grande homem demonstra sua grandeza com a maneira pela qual trata os pequenos."
(Thomas Carlyle)

Muito já foi dito, refletido e escrito sobre Jesus Cristo. São análises de todo tipo: Jesus como líder, como formador de um grupo de apóstolos, como enviado do Pai, entre várias outras abordagens.

Minha contribuição neste livro é lançar um olhar sobre Jesus Pedagogo. Entendo por postura pedagógica o jeito sábio e inteligente, humano e assertivo de ser e proceder de Jesus nas diferentes relações e nos diferentes contextos de vida.

Pedagogia aqui tem a ver com postura inteligente e sábia. As duas não estão separadas, mas são os dois lados de uma mesma moeda. São duas asas que fazem decolar. Uma postura pedagógica não é ingênua, mas inteligente. Não é uma simples reação, mas um proceder com sabedoria. E as duas outras dimensões que constituem o modo pedagógico de Jesus é a forma humana e assertiva dele ser. Essas constituem o coração e a razão de acontecer de Jesus. O Evangelho sublinha sua profunda humanidade e, ao mesmo tempo, do coração de sua humanidade, brota a dimensão assertiva: que faz compreender e que desafia a superação.

Jesus é um grande pedagogo, porque soube trabalhar pessoas e formar grupos. Era movido por um amor apaixonante para com cada pessoa e, ao mesmo tempo, por uma paixão sábia e inteligente na formação do grupo de seus seguidores.

Na formação dos doze discípulos, observamos que ele não escolhe pessoas perfeitas, mas pessoas simples, com forte potencial pedagógico e com forte liderança. Ele confia, por isso os convoca, e acredita em cada um dos discípulos, por isso investe na formação deles. Aliás, para Jesus nunca foi problemático conviver com as diferenças regionais e culturais, com as diferenças de sensibilidades e de temperamentos, de visão de mundo e de metodologias de ação, pois elas são, na verdade, riquezas em potencial, forças que devem ser buriladas, jeitos que devem ser talhados e ouro que deve ser acrisolado e purificado. Tudo isso em vista do grupo que vive em missão.

Nos capítulos que seguem, faço reflexões a partir de cinco textos bíblicos do Evangelho. São textos e contextos que podem projetar luz, horizontes, atitudes pedagógicas. A vida e a missão de Jesus não são duas realidades, mas uma só e com uma relação intrínseca, que nos inspira e encoraja.

"O homem seria metafisicamente grande se a criança fosse seu mestre" (Soren Kierkegaard). Sempre podemos ser e deveríamos ser – ao mesmo tempo – mestres e discípulos, pedagogos e aprendizes, pastores e ovelhas. Os pais ensinam o filho a ser filho e o filho ensina os pais a serem pais.

Nosso modo de ser e de proceder na história humana encontra ressonância no modo de ser e de proceder de Jesus.

Que as motivações que dinamizavam a vida de Jesus possam projetar luz sobre nosso modo de viver. Que a coragem feita missão em Jesus possa entusiasmar nossa ação comprometida no mundo. Que os valores e as escolhas de Jesus iluminem nossas decisões. Que a grandeza de ser sal, luz e fermento de Jesus no meio das pessoas faça com que nós vivamos como lamparinas na vida de muitos e que façamos crescer a vida, a justiça e a paz.

"As violetas das montanhas podem romper as rochas."
(Tennessee Williams)

O PUBLICANO ZAQUEU

"A casa foi vendida com todas as lembranças,
todos os móveis, todos os pesadelos,
todos os pecados cometidos, ou em vias de cometer. A
casa foi vendida com seu bater de portas,
com seu vento encanado,
sua vista do mundo, seus imponderáveis."
(Carlos Drummond de Andrade)

A vida é cheia de curvas e encruzilhadas, de jardins e horizontes, de situações inesperadas e de paradoxos. Neste capítulo, vamos mergulhar corajosamente no Evangelho de Lucas, que nos apresenta uma relação muito reveladora e atual entre Zaqueu e Jesus, entre Jesus e Zaqueu e destes com nossa vida. É um texto cheio de sentido e de sutilizas, que serão aqui analisados e aprofundados.

O texto Bíblico sobre Zaqueu está no Evangelho de Lucas 19,1-10

"Jesus entrou em Jericó e atravessava a cidade. Havia ali um homem rico chamado Zaqueu, chefe dos publicanos. Ele queria ver quem era Jesus, mas, sendo de pequena estatura, não o conseguia, por causa da multidão.

Assim, correu adiante e subiu em uma figueira brava para vê-lo, pois Jesus ia passar por ali. Quando Jesus chegou àquele lugar, olhou para cima e lhe disse:

- 'Zaqueu, desça depressa. Quero ficar em sua casa hoje'.

Então ele desceu rapidamente e o recebeu com alegria.

Todo o povo viu isso e começou a se queixar:

- 'Ele se hospedou na casa de um pecador'.

Mas Zaqueu levantou-se e disse ao Senhor: 'Olha, Senhor! Estou dando a metade de meus bens aos pobres; e, se de alguém extorqui alguma coisa, devolverei quatro vezes mais'.

Jesus lhe disse: 'Hoje a salvação entrou nesta casa! Porque este homem também é filho de Abraão. Pois o Filho do homem veio buscar e salvar o que estava perdido'".

Interpretação sob a ótica pedagógica

O texto bíblico é pequeno, mas grande em riquezas e aprendizados. Apresento dez ponderações interpretativas e que são, na verdade, dez posturas:

Primeira ponderação – A leitura do texto começa dizendo que "Jesus entrou em Jericó e atravessava a cidade". Ele não só entrou na cidade, como também entrou na casa e na vida de Zaqueu. Ele não só passou pela cidade como também atravessou o coração de Zaqueu e despertou nele uma verdadeira Páscoa, isto é, uma travessia profunda em relação a seu jeito de ser e de viver.

Segunda ponderação – O Evangelista Lucas diz que "havia ali um homem rico chamado Zaqueu, chefe dos publicanos". Portanto não se trata de um robô, de um ser metafísico, mas de uma pessoa, que tem nome, história de vida, profissão, situação social e que ocupa um cargo: chefe dos publicanos. Nos quatro Evangelhos – Marcos, Mateus, Lucas e João –, Jesus critica fortemente os publicanos por suas posturas hipócritas e por viverem como escravos da lei. Eram legalistas e pensavam que sua segurança e salvação estavam na observância da lei. E Zaqueu não só era publicano, como também chefe deles.

Terceira ponderação – Havia algo diferente se movendo no coração desse ser humano quando soube da passagem de Jesus por sua cidade: "Ele queria ver quem era Jesus, mas, sendo ele de pequena estatura, não conseguia, por causa da multidão". Os desejos iniciais desse baixinho foram desencadeados pela curiosidade que fez Zaqueu acelerar-se e usar os meios para alcançar seu objetivo: "correu adiante e subiu em uma figueira brava para vê-lo, pois Jesus ia passar por ali". O limite de ser baixo não foi problema, mas oportunidade para procurar meios por causa de seu objetivo. Quando existe sincero desejo, nós encontramos os meios. A vida nos ensina isso todos os dias.

Quarta ponderação – Até aqui quem usou os meios e se apressou para ver Jesus passar foi Zaqueu. Podemos dizer que Zaqueu se "acomoda" sobre a árvore onde, passiva e curiosamente, tenta observar a passagem de Jesus. Porém esse movimento é surpreendido pela forma de ser de Jesus. Vejamos essa dinâmica progressiva:

1. É Jesus que vai ao encontro de Zaqueu, que está em uma árvore. "Quando Jesus chegou àquele lugar, olhou para cima e lhe disse: Zaqueu, desça depressa. Quero ficar em sua casa hoje." É importante notar que Jesus sempre chama as pessoas pelo nome, que não é apenas um ajuntamento

de sílabas, mas a afirmação da pessoa com sua história de vida, limites, buscas e desejos sinceros. O nome é uma vida. Jesus o chama pelo nome e o convida para descer a terra, para descer à realidade, em que a vida, de fato, acontece. É na terra fertilizada que as sementes podem nascer, se morrerem, que os rebentos podem crescer, se regados, florescer e frutificar.

2. Jesus olha para Zaqueu. Este está com expectativa de vê-lo passar. Mas Jesus não passa. Ele para e olha para Zaqueu. Acontece um encontro e uma conexão entre dois olhares. Não é difícil imaginar a forma como ambos se olharam. É verdade que o tipo de olhar e a conexão que se dá no encontro entre olhares podem transformar vidas.

3. Jesus, antes de falar, age, isto é, vai ao encontro dele, para a travessia pela cidade, dirige-se e olha para Zaqueu. O Deus da Bíblia não é teórico, mas da vida. Não é o Deus da teoria, mas da ação. No Antigo Testamento, isso é claro: "Eis o que diz, aquele que te fez sair da escravidão". A ação acontece antes da palavra. Por isso que ela dá credibilidade e força ao que a emite. É Jesus quem pede que Zaqueu desça da árvore com a mesma pressa que usou momentos antes de ver Jesus. Desce depressa!

4. Acontece o convite totalmente inesperado, que muda a vida de Zaqueu: "Quero ficar em sua casa hoje". Não é Zaqueu quem convida Jesus, mas Jesus se convida e de forma livre e assertiva. Não fala: "que tal eu ficar em sua casa", ou "eu gostaria de ficar em sua casa"; ele diz: "Eu quero".

5. O evangelista Lucas diz que "Zaqueu desceu rapidamente e o recebeu com alegria". Duas atitudes – descer e receber – são sublinhadas no texto bíblico. A humildade de descer e a generosidade em receber são ingredientes da alegria de Zaqueu, que recebe Jesus em sua casa, em sua intimidade.

Quinta ponderação – O presente texto não se dá somente no diálogo entre duas pessoas, mas também tem uma dimensão social. Existe uma dupla postura: de um publicano errante e de Jesus que acredita em sua mudança de vida. Os publicanos eram cobradores de impostos para o Império romano. Os judeus não gostavam do domínio romano e se sentiam traídos pelos publicanos por cobrarem impostos pesados de seus compatriotas. Além disso, muitos deles eram corruptos e se enriqueciam às custas da miséria do povo.

Portanto a reputação dos publicanos era muito ruim; muitas vezes, eles eram classificados como ladrões, avarentos e sem coração. Os fariseus e outros religiosos se recusavam, por exemplo, a conviver com publicanos para não serem contaminados.

Jesus se convida e vai, precisamente, à casa de um desses pecadores; quer passar o dia na casa de Zaqueu. Ele é sujeito de suas escolhas e decide com firmeza; transcende as leis e ultrapassa o modo habitual de entender pessoas e contextos.

Sempre existem os críticos de plantão que não olham para a pessoa, mas para as opiniões, a moral e a frieza da lei. O curioso aqui é notar que o desconforto não só diz respeito a alguns críticos, como também ao murmúrio que vem do próprio povo: "Todo o povo viu isso e começou a se queixar: Ele se hospedou na casa de um pecador". O assombro é grande porque vivem presos ao *status quo*, a rótulos, a uma compreensão de pureza bastante impura, aos erros e às leis sem alma. Vivem presos às aparências, olham a exterioridade das coisas, por isso não compreendem e não sentem os sinceros desejos de certas pessoas.

Jesus, em nenhum momento, preocupa-se com esses que vivem se queixando nem está de acordo com a conduta habitual dos publicanos, porque acredita no ser humano.

Jesus é livre e sempre deixou claro que o sábado foi feito para o homem e não o homem para o sábado.

Como são vazias as críticas de pessoas preconceituosas e descomprometidas! Como é triste ver pessoas que olham mais para as leis do que para as pessoas a quem as leis deveriam ser auxílio! Estão longe de entender que o Filho do Homem não veio fazer morada no mundo para apresentar normas, leis e mandamentos, mas para revelar o coração misericordioso de seu Pai! Como é complicado e desconfortável conviver com pessoas que têm coração de pedra!

Quem precisa de médico não é o são, mas o doente; não são os incluídos que precisam de compaixão, mas os que vivem à margem. Existe verdadeira razão de amor quando as coisas não andam bem! São os momentos de controvérsia, de crise, de dor e de fragilidades que nós revelamos o grau de amor que carregamos conosco. Jesus veio para que todos, sobretudo os pecadores, tenham vida e possam experimentá-la em sua plenitude. E este amor não é um sentimento, mas uma postura de vida com todas as suas consequências.

Sexta ponderação – A postura de Jesus é de um homem profundamente empático. Ele é livre diante da lei, das pessoas, dos poderes, do povo, dos elogios, das críticas. Ele não está preocupado com a opinião dos outros, mas com o projeto de vida que veio implantar. Ele não tem agência de marketing, não está preocupado com sua imagem nem com agências que poderiam dizer algo sobre a conveniência de ir ou não ir à casa de Zaqueu.

O coração, o olhar, o amor e o foco de Jesus estão na pessoa. Ele ama e confia no ser humano. Esta é a chave de compreensão de seu modo de ser e de proceder. O olhar de Jesus não está no erro, mas nos sinceros desejos de vida. Além da conversão de Zaqueu, o Evangelho narra outras conversões, como, por exemplo, a do publicano Mateus, que também se tornou seguidor de Jesus (Mateus 10,2-3).

Sétima ponderação – Zaqueu aceita o convite de Jesus, não para conhecer os lugares turísticos da região ou para ir a uma praça da cidade, ou a um restaurante, mas para ir a sua casa. Jesus adentra a casa de Zaqueu em meio a um clima hostil. Dentro da casa, "Zaqueu levantou-se e disse: Olha, Senhor! Estou dando a metade de meus bens aos pobres; e, se de alguém extorqui alguma coisa, devolverei quatro vezes mais". A atitude de Jesus de deixar Zaqueu falar, de deixar Zaqueu ser Zaqueu e a postura de Zaqueu de se levantar, revelando sua disposição, são a melhor resposta ao murmúrio que acontece fora da casa. "Amor para mim é ser capaz de permitir que aquele que eu amo exista como tal, como ele mesmo. Isso é o mais pleno amor" (Adélia Prado).

Oitava ponderação – No Evangelho é perceptível que a conversão de Zaqueu é processual, em um movimento ascendente. Salta aos olhos a alternância das iniciativas: no começo Zaqueu busca uma árvore, depois Jesus o vê, aproxima-se, convida-o para descer e vai a sua casa. Posteriormente, Zaqueu toma a iniciativa de dar metade de seus bens aos que ainda não estão incluídos na vida social – e essa parcela não diz respeito a um possível dinheiro roubado – e quadruplica a devolução em caso de extorsão. Portanto não é uma esmola que ele dá. O curioso é que essa reparação nasce da consciência de Zaqueu e não de Jesus ou de outra pessoa, isto é, nasce da própria pessoa que cometeu o erro. Essa forma de sentir e de proceder sempre traz uma transformação mais profunda porque vem do íntimo e da liberdade da pessoa.

A iniciativa de reparação de Zaqueu nos sugere uma reflexão sobre o sentido da reparação nos mais variados contextos de nossa vida, sejam eles advindos de omissões ou de erros propositivos: a) A reparação deve ser sincera e pedagógica. Ela não é uma humilhação, mas um ato de humildade e de coragem; b) Vale lembrar que com o mal não se dialoga. O mal se reprime. Já com a pessoa que cometeu algum mal, devemos ser profundamente firmes e acolhê-la. Dalai Lama diz que "os crimes não são perdoáveis, as pessoas são". Dito de outra forma, o roubo, o crime, a desonestidade, a corrupção não têm perdão, já a pessoa que cometeu esses crimes pode ser perdoada em caso de arrependimento sincero e consequente. Deverá restituir o que não foi justamente adquirido e que, portanto, não lhe pertence. Tanto o bem que fazemos ou omitimos como também o mal que cometemos têm relação com as outras pessoas e incidem no que é coletivo. Quanto mais os outros e a dimensão coletiva estiverem contemplados na reparação, mais resultados de vida essa vivência poderá produzir.

Nona postura – Além de reparar, é importante prevenir. Existe um provérbio africano que diz: "Não olhe onde você caiu, mas onde você escorregou". A pessoa precisa conhecer os terrenos que frequenta e se conhecer: saber seus pontos fracos que facilmente a levam ao deslize e usar os meios que evitam tais perigos. É muito importante, também, saber lidar com nossos pontos tidos como fortes, pois também podem ser motivo de erro. Por exemplo, a pessoa que sabe que é boa de bola, se ela não trabalhar esse talento de forma humilde e coletiva, facilmente essa habilidade poderá ser usada para humilhar o outro ou o adversário. A prudência e o discernimento sempre são bons conselheiros uma vez que existe apenas um fio de cabelo – uma linha tênue – entre nossos pontos fracos e os que consideramos fortes.

Décima ponderação – A conclusão do episódio Zaqueu é contundente. Jesus diz que "hoje a salvação entrou nesta casa! Porque este homem também é filho de Abraão. Pois o Filho do homem veio buscar e salvar o que estava perdido". Jesus vê e olha para as pessoas e, nessa perspectiva, o erro recebe uma nova interpretação. Jesus acolhe, compreende cada pessoa e entra no coração de cada um que o recebe em sua vida. A liberdade, a salvação e a plenitude da vida encontram eco e espaço na vida de Zaqueu:

a) porque sua realidade de vida e sua curiosidade inicial fizeram com que usasse os meios para alcançar seu objetivo;

b) porque deixou que o olhar de Jesus conectasse seus desejos mais sinceros e profundos;

c) porque deixou Jesus entrar nele mesmo e em sua casa;

d) porque foi justo na reparação dos erros cometidos ao longo de sua vida;

e) porque permitiu experimentar a verdadeira vida e liberdade.

Parafraseando Santo Agostinho – "Minha alma não descansa enquanto não repousa em Deus" –, podemos dizer que a pessoa não está em paz verdadeira enquanto não for verdadeira, justa, desapegada e livre.

Décima-primeira ponderação – Vamos retomar alguns aprendizados centrais desse relato bíblico e, dentro de nossa perspectiva, compreender atitudes pedagógicas que possam nos inspirar, desafiar e ajudar no dia a dia:

1) A curiosidade do outro pode ser uma importante porta de entrada na vida de alguém. Aqui falamos da sã curiosidade, aquela que deseja ser livre, deseja conhecer e avançar em seu saber. Quando essa é percebida, vista e valorizada, abre-se um caminho para muitas possibilidades.

2) Jesus vê que Zaqueu também quer vê-lo. Ele conecta os desejos de quem o busca. Um sincero encontro de olhares faz descer, faz caminhar e faz entrar na casa. "O maior presente que podemos oferecer aos demais é nossa presença verdadeira" (Thich Nhat Hanh).

3) Outra pista é aprendermos a usar os meios para alcançar o fim desejado e estarmos abertos para sermos surpreendidos. Zaqueu usou a árvore para ver Jesus passar. Jesus, por sua vez, interrompeu a travessia pela cidade e se aproximou de Zaqueu, conectou seu olhar, fez uso da palavra e foi à casa de Zaqueu. Casa esta que passou por uma transformação: deixou de ser receptáculo do dinheiro desonesto para um espaço de acolhida, verdade e justiça.

4) É importante desapegarmo-nos das reações ou opiniões de quem não entra em nossa casa, de quem não usa nosso calçado e quem não veste nossa pele. É necessário transcendermos as pessoas que vivem presas à lei, ao passado, ao moralismo, ao erro e às aparências.

5) Zaqueu busca Jesus e é encontrado por Ele. Ele quer ver Jesus passando e é visto pelo Mestre. Zaqueu sobe por conta própria na árvore e desce para a realidade da vida por recomendação de Jesus. É Jesus que se convida para entrar em sua casa e é a consciência de Zaqueu que faz reparar todo mal praticado.

Fica visível e palpável as quatro dimensões na forma pedagógica de ser e de proceder de Jesus. No episódio de Zaqueu, existe uma postura inteligente, sábia, humana e assertiva. São quatro dimensões que se complementam, exigem-se e se desafiam. As quatro nascem do amor sincero que Jesus tem para com cada pessoa, sobretudo para com os que estão à beira da verdadeira vida.

"De tudo o que se faz na vida ficam três coisas:
a certeza de que sempre estamos iniciando;
a certeza de que é preciso continuar;
e a certeza de que podemos ser interrompidos
antes de terminar.
Fazer da interrupção caminho novo.
Fazer da queda passo de dança.
Do medo, escada. Do sonho, ponte.
Da procura, encontro.
E assim terá valido a pena existir."

(Fernando Sabino)

A MULHER FLAGRADA EM ADULTÉRIO

"Gosto de gente de coração desarmado,
sem ódio e preconceitos baratos.
Com muito amor dentro de si.
Gosto de gente que erra e reconhece,
cai e se levanta, apanha e assimila os golpes,
tirando lições dos erros."
(Arthur da Távola)

Neste capítulo, vamos refletir sobre um texto importante do Evangelho de João: uma Mulher pega em flagrante adultério. Nele encontramos situações conflitantes, reações surpreendentes, olhares transcendentes e aprendizados inteligentes.

O texto bíblico em questão está em João 8,1-12

"Pela manhã cedo tornou para o templo, e todo o povo vinha ter com ele, e, assentando-se, ensinava-os.

E os escribas e fariseus trouxeram-lhe uma mulher apanhada em adultério. E, pondo-a no meio, disseram-lhe: 'Mestre, esta mulher foi apanhada, no próprio ato, adulterando. E na lei nos mandou Moisés que as tais sejam apedrejadas. Tu, pois, que dizes?'

Isso diziam eles, tentando-o, para que tivessem de que o acusar. Mas Jesus, inclinando-se, escrevia com o dedo na terra.

E, como insistissem, perguntando-lhe, endireitou-se e disse-lhes: 'Aquele que dentre vós está sem pecado seja o primeiro que atire pedra contra ela'. E, tornando a inclinar-se, escrevia na terra. Quando ouviram isso, acusados pela própria consciência, saíram um a um, a começar pelos mais velhos até os últimos; ficou só Jesus e a mulher que estava no meio. E, endireitando-se Jesus e não vendo ninguém mais do que a mulher, disse-lhe: 'Mulher, onde estão aqueles teus acusadores? Ninguém te condenou?'

E ela disse: 'Ninguém, Senhor'. E disse-lhe Jesus: 'Nem eu também te condeno; vai-te e não peques mais'.

Falou-lhes, pois, Jesus outra vez, dizendo: 'Eu sou a luz do mundo; quem me segue não andará em trevas, mas terá a luz da vida.'"

Interpretação sob a ótica pedagógica

É sugestiva a forma como o texto começa: "Pela manhã cedo tornou para o templo, e todo o povo vinha ter com ele, e, assentando-se, ensinava-os". A narrativa está no contexto: a) De um novo dia: onde a luz do dia dissipou a escuridão da noite; b) A cena se dá no Templo: espaço sagrado de encontros; c) E com movimentação de um povo sedento de vida. O povo se acomoda para escutar o Mestre, que se coloca de pé para ensinar.

Porém esse encontro de inúmeras pessoas é interrompido por causa do erro de uma pessoa. Esse encontro de vida com o Mestre é contrastado com um movimento de fortes traços de agressividade, de morte por pessoas fechadas em seus mundos moralistas e legalistas.

A pregação da Boa-Nova de Jesus é interrompida por pessoas que não têm espelhos em suas casas e que se alimentam, não de sonhos de vida, mas do falso prazer em pegar pessoas em seus erros.

Vamos nos colocar algumas questões e apontar algumas pistas em termos de reflexões.

Primeira questão – O que aconteceu? "Os escribas e fariseus trouxeram-lhe uma mulher apanhada em adultério." Quem são eles? Os Escribas eram considerados os estudiosos da Bíblia e se consideravam os doutores da lei. Sabiam ler, escrever e ensinavam o povo. Os Fariseus se vestiam e viviam de forma diferenciada, aparentando pureza e santidade. Consideravam-se os sabedores na interpretação da Escritura e, não raras vezes, os donos da verdade. Essa apresentação, por si só, já é problemática pelo ar de superioridade e prepotência que a perpassa. E o que segue na narração no Evangelho de João confirma essa postura de superioridade e a ausência de humanidade e de misericórdia em sua prática de vida.

Segunda questão – O que fizeram? Apresentaram a Jesus uma mulher que foi pega em flagrante adultério. Trata-se de uma situação que toca um tema tabu e mal resolvido na vida de muitos: a sexualidade. Toca também outro fenômeno, a traição, que é comum na vida escondida de muitos.

Existem muitos tipos de traição, e o curioso é perceber quando minha traição bate com a traição de alguém, o barulho e a agressividade costumam ser desproporcionais. Chama atenção a truculência e humilhação com que tratam a mulher diante das pessoas. São verdadeiros covardes que se tornam valentes diante de uma mulher. Essa covardia é maior ainda na vida de muita gente que pega alguém em flagrante. Parece que isso lhes confere um prazer maior, um prazer policial, mesmo que seja um prazer doentio, em expor e humilhar tal pessoa. "O que mais me impressiona nos fracos é que eles precisam humilhar os outros, para se sentirem fortes" (Mahatma Gandhi).

Terceira questão – O que esperam de Jesus? Pressionam Jesus para que ele se posicione, pois, segundo a lei de Moisés, tais mulheres deveriam ser apedrejadas. "Tu, pois, que dizes?" Eles querem um veredito de Jesus, que está em um dilema e uma situação embaraçante. Se falar para não apedrejarem a mulher, estaria indo contra a lei de Moisés. E se ele disser para apedrejá-la, entraria em conflito direto com os romanos que não aceitavam esse tipo de morte. O que fazer?

Quarta questão – Qual é a intenção que move os escribas e fariseus? Na verdade, não existe nenhuma reta intenção por parte deles. Eles colocam Jesus nessa saia justa exatamente "para que tivessem de que o acusar". A sagacidade e motivação deles estão em usar o erro de uma pessoa para alcançarem seus objetivos: montar uma armadilha jurídica para condenar Jesus. Portanto é uma maldade assustadora e nefasta. Será que querem mesmo condenar a mulher ou usar o flagrante adultério dela para encontrar um motivo para condenar Jesus? Por isso colocam Jesus nessa tremenda dificuldade para enquadrá-lo em um crime: seja pelo lado judeu ou seja pelo lado romano. Portanto a verdadeira motivação deles não é a aplicar a lei tampouco encontrar a verdade, mas usar a lei e manipular a verdade para suas pretensões: a condenação de Jesus.

Quinta questão – Qual é a atitude de Jesus? Diante dessa encruzilhada e desse dilema, Jesus não perde sua paz e sua liberdade interior, tão características de pessoas não atreladas a nenhum tipo de poder político, religioso ou a qualquer tipo de pressão que possa ser exercida sobre elas.

Nunca o gesto e a simbologia da mão que aponta com o dedo indicador acusando a mulher foram tão iluminadores como nesse episódio: vários dos que se diziam entendidos da Sagrada Escritura apontam seu dedo indicador acusando a mulher. Porém o movimento, os gestos e as palavras de Jesus fazem com que percebam que, enquanto apontam um dedo para alguém em forma de acusação, faz com que o dedo polegar se volte para o alto e três dedos contra eles próprios. O que faz Jesus nessa encruzilhada e provação?

1. Jesus olha corajosamente nos olhos dos acusadores.

2. Permanece em um silêncio ensurdecedor para os fariseus e escribas que o pressionam para pegá-lo em contradição.

3. Jesus se inclina e começa a escrever com o dedo na terra: dedo que ele usa para escrever na terra e dedo que fora usado pelos doutores para acusar.

4. Diante da pressão e insistência, Jesus diz: "Aquele que dentre vós está sem pecado seja o primeiro que atire pedra contra ela. E, tornando a inclinar-se, escrevia na terra".

5. O silêncio e a terra falam. As palavras em forma de espelho falam e gritam na consciência dos acusadores. "Não existe testemunha tão terrível, nem acusador tão implacável quanto a consciência, que mora no coração de cada homem" (Políbio).

Sexta questão – O que acontece com os acusadores? "Quando ouviram isso, acusados da consciência, saíram um a um, a começar pelos mais velhos até os últimos." Não foi uma debandada conjunta, mas um a um, à medida que acontecia a compreensão dentro deles de que aquilo de que acusavam a mulher era exatamente o que eles não viviam. O pecado da mulher era também o pecado de cada um deles.

É curioso que as pedras caem por terra: sobre a mesma terra onde o povo se sentou para escutar Jesus; sobre a mesma terra para onde todo ser humano um dia voltará; sobre a mesma terra onde Jesus escreveu com o dedo.

Saem a partir dos mais velhos. O avançar da idade e o tipo de responsabilidade assumida fazem crescer a consciência de pecadores. Eles vão embora porque são confrontados com seus próprios erros.

A verdade revelada nas palavras de Jesus age e desmascara os acusadores e sua consciência, que os acusa, que os faz perceber que são tão pecadores quanto a mulher pega em adultério. "A maldade bebe a maior parte do veneno que produz" (Sêneca).

A acusação à mulher serviu como um espelho voltado para dentro deles mesmos. O modo de proceder de Jesus faz projetar uma nova luz para dentro deles, e eles começam a ver a obscuridade, o lodo, a lama e as incoerências e a sentir o cheiro horrível de seu ódio destruidor e assassino.

A lógica acusatória dos fariseus e escribas contra a mulher não é sugerir a Jesus um castigo para ela ou uma reparação, mas desejam o pior, isto é, a morte, da forma mais humilhante possível: por apedrejamento público. O motivo? O pecado da mulher.

A sabedoria de vida nos ensina que a maldade é um tipo de correspondência que acaba sempre voltando para o remetente. Quando as máscaras desses dois grupos caem por terra e eles percebem que são tão pecadores quanto a mulher, continua valendo a lei do apedrejamento? Se fossem coerentes, eles mesmos deveriam se oferecer para que fossem apedrejados publicamente. Ou a Lei de ouro – faça aos outros o que gostaria que fizessem a você – deixou de existir? Ou só vale para os outros?

Sétima questão – O que permanece nisso tudo? "Ficou só Jesus e a mulher." Imagine a cena. A mulher – salva da morte e agora sozinha com Jesus, que a libertou de uma armadilha – poderia ter tido a tentação de sair correndo assim que seus acusadores de morte sumiram. Talvez muitas pessoas teriam agido dessa forma. Mas ela permaneceu com Jesus, por várias razões:

1. porque ele salvou sua vida;
2. porque ela não conseguiria lidar sozinha com o peso, a vergonha e a situação de extrema fragilidade provocada por seu pecado;
3. porque permanecer com Jesus é saber-se humana, é confessar-se necessitada: de compreensão, de acolhida, de perdão e de vida nova;
4. porque este era o momento crucial e determinante de sua vida: que a faz se compreender e se lançar para frente e para o novo.

Quando nós não conseguimos lidar com o peso de nossa própria consciência, tendemos aquietá-la, que é uma forma de desumanizá-la e engessá-la. "Quando adestramos nossa consciência, ela beija-nos ao mesmo tempo em que nos morde" (Friedrich Nietzsche). É verdade que a consciência pode ser anestesiada, porém a anestesia também passa e a dor do erro volta se não for tratada e eliminada desde sua raiz.

E onde essa verdade engessada ou anestesiada volta a mostrar seus tentáculos e sua realidade? Nas convivências com pessoas diferentes, nos barulhos de nossos aparentes silêncios, nos encontros inesperados e na própria dinâmica da vida. Em meio ao viver em seus variados contextos, nossa consciência se mostra em sua verdade.

Quando a anestesia passa, existe a real possibilidade de (re) humanização. Todas essas pessoas e realidades nos colocam em contato com nossa verdade mais profunda. E, quando esse processo não é vivido, aquilo que nos acusava muda de direção e se volta contra os outros; o inferno será sempre os outros, os culpados são os outros e os piores pecadores são sempre os outros. "O mal maior da hipocrisia não é simplesmente aconselhar o que tu simplesmente não fazes. Mas acreditar que ainda és verdadeiramente feliz assim" (Augusto Branco).

Se formos sinceramente honestos, saberemos reconhecer onde está nosso erro e quais são nossos pecados mais tóxicos, destrutivos e ocultos. Nossa consciência e Deus sabem quem somos e como somos. Nós podemos tentar nos esconder, esconder-nos das pessoas e tentar nos esconder de nosso mal. Porém não é possível evitar ou nos esconder de dois tribunais: de Deus e de nossa consciência. Neles, mora a verdade e nossa vida se decide.

Esse movimento descrito aqui é um verdadeiro espelho onde podemos nos ver e reconhecer. "Conheces-te? Terás a certeza de que sim, se descobrires em ti mais defeitos que nos outros" (Friedrich Hebbel).

Oitava questão – O que Jesus pergunta à mulher? – "'Mulher, onde estão aqueles teus acusadores? Ninguém te condenou?' E ela disse: 'Ninguém, Senhor'. E disse-lhe Jesus: 'Nem eu te condeno; vai-te, e não peques mais.'" É importante reconhecer o lado profundamente humano e pedagógico de Jesus, que não a acusa, ameaça ou dá lições de moral. Pelo contrário, Jesus se dirige à mulher e a faz retomar e verbalizar o acontecido. Essas perguntas simples ajudam-na a ver, interpretar, compreender e assumir o que aconteceu. Vejamos algumas reflexões pertinentes:

1. Tanto a mulher pega em adultério quanto todos nós fazemos parte da grande família dos que acertam e dos que erram. Eu sou tão pecador quanto os maiores pecadores. Todos somos passíveis de erro e "uma liberdade que não permite o erro não é liberdade" (Mahatma Gandhi). O foco não está no erro, tampouco fazermos aqui uma apologia ao erro ou passarmos a mão na cabeça de quem errou, mas em termos uma relação humana com os humanos. "Eu quero o direito ao erro, discernimento para saber reconhecê-lo e oportunidade de começar tudo de novo" (Edna Frigato).

2. "A vergonha de reconhecer o primeiro erro leva a cometer muitos outros" (Jean de la Fontaine). Os erros não devem ser vistos como sinônimo de fraqueza, pois apenas mostram onde estão nossas fraquezas. O melhor de conhecermos nossos pontos fracos é que podemos trabalhar para superá-los.

3. Quem faz coisa errada e não se corrige, mais cedo ou mais tarde, acaba por ser atropelado pelo próprio erro. "Não é errando que se aprende, mas sim corrigindo o erro" (Içami Tiba).

4. O verdadeiro arrependimento rima com um novo momento. O verdadeiro perdão rima com conversão.

Quando Jesus diz "Eu também não te condeno", não está dando uma segunda ou terceira chance para a mulher, porque não é movido por chances, mas pelo amor sincero em todas as estações do viver. Não dá o perdão por merecimento. A categoria do mérito compromete a beleza e a gratuidade do amor feito perdão. Deveríamos repensar essas categorias vazias do merecimento e de dar chances. Elas têm pouco do verdadeiro espírito do Evangelho.

Jesus faz compreender a dureza e crueza da vida, o tipo de pessoa que somos e encontramos. Ele perdoa! O perdão é expressão do amor radical, vertical e gratuito. É a força motriz capaz de dar um novo rumo à vida.

Jesus revela e expressa, no gesto do perdão, que nem Ele nem a consciência da mulher vão destruí-la. Estes dois – consciência e Deus – são os tribunais que poderiam exercer essa força. E Jesus não só lhe perdoa, como também a orienta sobre as consequências dessa vida nova que nasce da reconciliação: "Vai e não peques mais," pois o pecado separa, afasta, provoca rupturas que, muitas vezes, são muito difíceis de reatar.

Nona questão – Qual é sua referência de vida? – O erro dos outros, a maldade de alguns ou uma lei injusta não podem ser nossos critérios de vida. A vida e a história têm um lado certo e é somente esse lado que pode dar unidade interior e verdadeira paz a todos.

O texto assim termina: "Eu sou a luz do mundo; quem me segue não andará em trevas, mas terá a luz da vida". São nossas referências de vida que nos dão paz e segurança ou nos deixam com a consciência pesada e o coração perturbado.

Isso são escolhas. Jesus é a luz no coração do mundo, que é habitado por pessoas que preferem viver nas trevas da covardia, das acusações, das armadilhas. Ele convida a todos para segui-lo e não apenas para imitá-lo. Quer de seus seguidores uma postura ativa e iniciativas corajosas, um olhar e um comportamento transparentes.

A liberdade de Jesus nasce de sua sincera relação com o Pai e do amor sincero que Ele tem pela humanidade. Ela nasce da coerência, do olhar inclusivo, de estar do lado certo da vida, das pessoas e da história. A liberdade vem de um jeito verdadeiro de ser, que não veio para agradar ou desagradar, mas para afirmar o valor sagrado da vida e de cada pessoa, para afirmar um jeito verdadeiro de ser e de proceder. Ele não alugou nem vendeu sua consciência, não armou reuniões interesseiras na calada da noite.

A conclusão desse texto nos levanta a questão sobre nossos valores mais profundos, nossa transparência e também nossas referências de vida. As pessoas transparentes são desapegadas, livres e plenas. Ser transparente não é só uma virtude, mas também pode ser um estilo de vida.

Já as pessoas falsas, dissimuladas e hipócritas gastam muita energia para aparentar um jeito interesseiro e envenenado de ser. Aliás, ser dissimulado exige muita concentração e perda inútil de energia. "Aprendi, por meio da experiência amarga, a suprema lição: controlar minha ira e torná-la como o calor que é convertido em energia. Nossa ira controlada pode ser convertida em uma força capaz de mover o mundo" (Mahatma Gandhi).

Décima questão – O que mais pode ser extraído desse texto? – Nosso texto bíblico em análise é perpassado por uma impressionante riqueza de detalhes, de compreensões nas entrelinhas e de importantes aprendizados. Além do exposto anteriormente, vamos aprofundar:

1. Tipo de linguagem – É importante estar atento ao tipo de linguagem que usamos ao tratar questões e pessoas, pois ele possibilita ou limita uma ação, coloca um ponto final ou reticências, faz abrir os olhos ou cegar uma conduta. Existe uma diferença gigantesca entre dizer mulher adúltera e mulher pega em adultério. A primeira é fatalista, conclusiva e condenatória. Há uma identificação da pessoa com seu delito. Já a segunda aponta um erro, mas não identifica a pessoa com seu erro. Outra realidade para exemplificar: uma pessoa que sente medo não faz dela uma pessoa medrosa. A pessoa sempre é mais. "A linguagem é o bem mais precioso e também o mais perigoso que foi dado ao homem" (Friedrich Hölderlin).

2. Cadê o homem pego em adultério? – Existe adultério de uma pessoa só? Cadê o homem envolvido e também sujeito desse adultério? Os escribas e fariseus, além de serem profundamente machistas, são covardes. "O ódio é a vingança do covarde" (George Bernard Shaw). Eles são movidos por um ódio extremamente destruidor contra a mulher. Esse ódio tem uma impressionante força destrutiva e autodestrutiva.

3. Possíveis sentidos – O movimento de Jesus de se inclinar e escrever sobre a terra faz pensar: (a) Pode simbolizar o movimento de descer à realidade em que a vida acontece; pode representar a fragilidade e finitude humanas: tu és pó e do pó hás de voltar; pode fazer lembrar o lugar onde a semente é plantada, mas que precisa morrer – romper a casca dura – para poder nascer. "*Lembrar que você vai morrer é a melhor maneira que eu conheço de evitar a armadilha de pensar que temos algo a perder. Você já está nu" (Steve Jobs);* (b) O que teria escrito na terra? Segundo alguns historiadores, ele teria escrito o nome de alguns dos pecados comuns na vida dos presentes nesse contexto de condenação. Não sabemos ao certo. Sabemos, sim, que o movimento e a escrita ressoavam na consciência dos presentes como um espelho voltado para sua consciência, para a verdade de sua vida.

4. A verdadeira sabedoria – Muitas pessoas quanto mais avançam em idade mais sábias se tornam. Isso é próprio de pessoas humildes, que vivem como aprendizes; é próprio de pessoas livres e não apegadas a leis, ódios e preconceitos. Outras pessoas, como é o caso dos escribas e fariseus, quanto mais avançam em idade mais exigentes e cruéis se tornam para com os outros e mais exigem complacência dos outros para com elas mesmas. Nós sabemos que a verdadeira sabedoria faz com que sejamos generosos com os outros e disciplinados e exigentes conosco. Pessoas sábias são movidas e perpassadas por valores, convicções, sonhos, abertas ao diferente e maleáveis ao novo que deseja irromper. "Um sábio muda de opinião" (Provérbio espanhol).

5. O dualismo pode ser destruidor – Cuidado com as pessoas que não unem fé e vida, que leem textos fora de seus contextos, que não unificam amor a Deus com amor às pessoas! Cuidado com as pessoas, cujo Deus está nas alturas ou do outro lado das montanhas e não em seu dia a dia, em seu jeito de ser e de proceder! Cuidado com as pessoas que se dizem inteligentes, possuidoras da verdade e cheias de moralismos. "Cérebros brilhantes também podem produzir grandes sofrimentos. É preciso educar os corações", diz Dalai Lama. Podemos dizer que a inteligência, por si só, não é boa nem má. Mas ela necessita da liberdade que decide para orientá-la para a realização do bem ou do mal. A inteligência precisa passar pelo crivo da ética, pelo fogo da verdade e pela balança da justiça. Cuidado com as pessoas que têm uma teoria e outra prática de vida! "A distância mais longa é aquela entre a cabeça e o coração" (Thomas Merton). Por isso que Dalai Lama insiste em dizer: "é preciso educar o coração". Um coração não preso ao passado, mas com vibrações presentes e futuras: "Para entender o coração e a mente de uma pessoa, não olhe para o que ela já conseguiu, mas ao que ela aspira" (Kalil Gibran).

6. O mal sempre tem consequências – Existe um provérbio judaico que diz: "o mal tem sempre como consequência outro mal". Os escribas e fariseus, mesmo desmascarados, não se dão por vencidos. Os Evangelhos retratam como eles não cansam de atacar Jesus em busca de razões para condená-lo à morte. É importante notar que Jesus não tem medo deles. Pelo contrário, denuncia sua hipocrisia e os chama de sepulcros caiados... Silenciar diante da maldade deles poderia soar como conivência. "A tolerância é um crime quando o que se tolera é a maldade" (Thomas Mann). Nunca podemos esquecer que "a maldade, a crueldade são inventos da razão humana, de sua capacidade para mentir, para destruir" (José Saramago).

7. Por que apedrejar? – "O mal pode se tornar algo banal para quem não aprendeu a pensar" (Hannah Arendt). Nós sabemos que a facilidade de julgar e a covardia em condenar são comuns, ainda em nossos dias. Os apedrejamentos continuam sangrando corpos, almas, corações em nossos dias: são as palavras ásperas, olhares preconceituosos, gestos ríspidos, indiferenças frias, comentários destrutivos, compartilhamentos odiosos em redes sociais. Há um tipo de apedrejamento cruel por meio dos preconceitos e da força destruidora das fofocas. "O fofoqueiro é um terrorista, porque com sua língua lança a bomba e vai embora, e essa bomba destrói a fama dos outros. Fofocar é matar, não esqueçam" (Papa Francisco). Onde está escrito que amar é expor a pessoa para ser apedrejada? "Olha-te nos olhos, enxerga-te por dentro e, se não vires nenhum defeito, volte para me julgar" (Edna Frigato).

8. Postura pior do que se possa imaginar – O comportamento dos escribas e fariseus é muito pior do que se possa imaginar. Ele foge da lógica vingativa do "olho por olho e dente por dente" – típico do Antigo Testamento –, que consistia na rigorosa reciprocidade do crime e da pena. Traz consigo uma resposta violenta a uma violência. Não existe compreensão, humanidade e muito menos compaixão. É como se desejássemos limpar a sujeira com lixo. Os dois grupos que levam a mulher para junto de Jesus vão muito além dessa lei do talião ou da lei da retaliação. Eles humilham e agridem uma mulher publicamente. Pior que isso, eles usam a mulher, não querem uma punição reparadora, mas desejam a morte em um triste espetáculo de humilhação pública ao extremo. E a maldade é tão cruel que – por meio dessa situação toda – tentam plantar uma armadilha para condenar a Jesus. "O mal que fazemos é sempre mais triste do que o mal que nos fazem" (Jacinto Benavente y Martinez).

9. Olha que situação paradoxal: O ensinamento de Jesus ao povo – relatado no começo de nosso texto – torna-se um ensinamento prático a partir do tumulto criado pelos escribas e fariseus, que literalmente usam uma mulher para encontrar um motivo legal para condenar Jesus. Não passa na cabeça deles que as pessoas foram criadas para serem amadas, respeitadas, acolhidas, perdoadas e ajudadas. Jesus não foge da encruzilhada em que ele foi colocado e, pedagogicamente, desmascara as armadilhas criadas pela falta de caráter e ausência de autocrítica dos escribas e fariseus. O poeta moçambicano Mia Couto diz que "as armadilhas que pensávamos exteriores residem profundamente dentro de nós. Quebrar as armadilhas do mundo é, antes de mais nada, quebrar o mundo de armadilhas em que se converteu nosso próprio olhar" e nosso agir. E a prática de Jesus, naquele contexto conturbado, consegue quebrar as armadilhas desses dois grupos.

10. A pedra como lembrança – Durante meu Mestrado em Paris, fui assistir a uma peça teatral dirigida por um dos maiores diretores de teatro da França. Ele escolheu algumas cenas bíblicas e deu a elas uma interpretação original, transcendendo o próprio texto bíblico. Uma delas foi o presente texto sobre a mulher pega em adultério. Lembro-me da agressividade dos escribas e fariseus subindo em um palco com piso de madeira, com pedras enormes e pontiagudas em suas mãos, e exigindo de Jesus uma decisão. Jesus faz na peça o que o texto bíblico afirma. Duas coisas me chamaram atenção. A primeira foi o enorme barulho que faziam as pedras caindo por terra – no caso, sobre o piso de madeira –, quando foram saindo, a partir dos mais velhos. Lembro, com nitidez, aquele palco tomado por pedras ásperas, perigosas e de vários tamanhos. E Jesus e a mulher no meio desse cenário hostil de pedras. Essa cena provocou um silêncio impressionante e gritante. A segunda foi a conversa de Jesus com a mulher em forma de pergunta: "Ninguém te condenou?" "Ninguém, Senhor." Agora a cena é por conta do Diretor da peça. Não está no texto do Evangelho, mas é muito sugestiva: diante da resposta da mulher – "Ninguém, Senhor" – Jesus tira, por debaixo de sua própria túnica, uma pedra que ele carregava consigo, joga-a no meio das outras pedras e diz: "Também eu não te condeno. Vai e não peques mais". Nisso a mulher se levanta e toma em suas mãos essa pedra, jogada por Jesus, abraça – e a leva para sua casa como lembrança, como sacramento desse momento novo e como sinal visível da vida que venceu a crueldade, o medo e a morte. "As lembranças têm mais poesia que as esperanças, assim como as ruínas são mais poéticas que as etapas de construção de um edifício" (Jacinto Benavente y Martinez).

"Você leva algumas lembranças no coração,
porém algumas lembranças
levam seu coração com elas."
(Tiago Grulha)

A PARÁBOLA DO BOM SAMARITANO

"Nosso amor ao próximo é a medida de nosso amor a Deus!"
(Edith Stein)

Jesus era um verdadeiro Mestre. O ensinamento por meio de parábolas e sua capacidade de lançar perguntas importantes faziam parte de sua maestria pedagógica de ser e de proceder. Pergunta às pessoas sobre temas centrais da vida e conta parábolas que, por sua vez, são questionamentos que a vida nos coloca. Saber perguntar e narrar parábolas é linguagem que pode despertar o novo e tornar tudo novo, sempre de novo.

A Parábola do Bom Samaritano é um convite e um desafio. Não tenhamos medo de mergulhar na força e nos ensinamentos que ela – permeada de boas perguntas – deseja provocar. Na interpretação do presente texto bíblico, seremos surpreendidos pela maneira pedagógica de Jesus proceder e pela forma como nos leva àquilo que é essencial em nossa vida.

O texto bíblico sobre o Samaritano está em Lucas 10,25-42

"Certa ocasião, um perito na lei levantou-se para pôr Jesus à prova e lhe perguntou:

– 'Mestre, o que preciso fazer para herdar a vida eterna?'

– 'O que está escrito na Lei?', respondeu Jesus. 'Como você a lê?'

Ele respondeu: 'Ame o Senhor, seu Deus, de todo o seu coração, de toda a sua alma, de todas as suas forças e de todo o seu entendimento e ame a seu próximo como a si mesmo'.

Disse Jesus: 'Você respondeu corretamente. Faça isso e viverá'.

Mas ele, querendo justificar-se, perguntou a Jesus:

– 'E quem é meu próximo?'

Em resposta, disse Jesus:

Um homem descia de Jerusalém para Jericó, quando caiu nas mãos de assaltantes. Estes lhe tiraram as roupas, espancaram-no e se foram, deixando-o quase morto.

Por acaso descia pela mesma estrada um sacerdote. Quando viu o homem, passou pelo outro lado.

E assim também um levita, que, quando chegou ao lugar e o viu, passou pelo outro lado.

Mas um samaritano, estando de viagem, chegou aonde se encontrava o homem e, quando o viu, teve compaixão dele. Aproximou-se, enfaixou-lhe as feridas, derramando nelas vinho e óleo. Depois, colocou-o sobre seu próprio animal, levou-o para uma hospedaria e cuidou dele. No dia seguinte, deu dois denários ao hospedeiro e lhe disse: 'Cuide dele. Quando eu voltar, pagarei todas as despesas que você tiver'.

– 'Qual desses três você acha que foi o próximo do homem que caiu nas mãos dos assaltantes?'

– 'Aquele que teve misericórdia dele', respondeu o perito na lei. Jesus lhe disse: 'Vá e faça o mesmo'".

Interpretação sob a ótica pedagógica

A arte de interpretar um texto bíblico é buscar sua compreensão e fazer com que ele projete luz e força sobre nossa vida e nossa ação. Aqui faremos dez reflexões:

1ª Reflexão – Ser sábio não é reclamar do tipo de pergunta que nos é feita, mas saber transformá-la em oportunidade para refletir sobre questões importantes da vida. Jesus não reclama da chatice do perito da lei, que pretende colocá-lo em saia justa. Ele retoma o questionamento que lhe é feito e o devolve para que o perito dê sua interpretação. Muitas perguntas já trazem com elas a resposta ou os indícios de resposta. O perito pergunta, mas no fundo ele sabe que a salvação passa pela sinceridade do amor a Deus e às pessoas: "Ame o Senhor, seu Deus, de todo o seu coração, de toda a sua alma, de todas as suas forças e de todo o seu entendimento e ame a seu próximo como a si mesmo". Portanto o foco é o amor altruísta, e o critério desse amor ao próximo está no tipo de amor para consigo mesmo.

2ª Reflexão – Jesus não só elogia a resposta do perito da lei – "Você respondeu corretamente" – como também vai ao coração do mandamento e ao espírito da lei quando diz: "Faça isso e viverá". O verbo fazer é sinônimo de ação e transformação, de liberdade e de responsabilidade. Jesus não diz "veja isso", ou "sinta isso", ou "saiba disso". Está em jogo não uma resposta teórica, mas uma vivência prática que está ao alcance de todas as pessoas: viver o amor com profundidade e inteireza, isto é, com toda a tua alma, todas as tuas forças, todo o teu entendimento. Não basta existir, é preciso viver; e viver é se comprometer inteiramente. "Meias verdades, meias vontades, meias saudades. Viver pela metade é ilusão. Tire suas meias e ponha os pés no chão" (Augusto Barros).

3ª Reflexão – O perito, escravo da lei e não comprometido com a vivência e a intensidade do amor, entra na lógica das justificativas e das explicações. Torna-se um sabonete liso, como diz a sabedoria popular. Quem muito precisa se justificar costuma não ter reta intenção em sua vida nem comprometimento. A facilidade em se justificar revela um lado sombrio de pessoa omissa. Ele sabe o que é necessário para herdar a vida eterna, tem conhecimento da Lei, mas foge do espírito dessa mesma Lei. E aí sai do foco novamente e tenta se justificar perguntando sobre quem é o próximo. Ele se justifica porque a experiência prática e diária da lei de ouro não é prática de vida. Talvez seja apenas uma teoria ou um saber sem raízes.

4ª Reflexão – Mais uma vez entra em ação a paciência histórica de Jesus, que, calma e firmemente, conta uma história para fazer compreender a questão colocada pelo perito da lei. Mais uma vez Jesus não reclama do tipo de pergunta, faz bom uso dela para ir para além do vazio existencial do perito. Ele não só faz compreender, como também inverte a lógica habitual da compreensão sobre quem é o próximo. Faz uso da linguagem acessível a todos, isto é, Ele responde à pergunta com uma Parábola. Na verdade, a vida de Jesus é a melhor resposta a essa pergunta, porque se encarna, faz morada no coração da humanidade. Ele se faz homem e bom samaritano, que vai ao encontro dos que são colocados à beira da estrada.

5ª Reflexão – Na parábola, podemos sublinhar outros quatro movimentos:

Primeiro – A ação da história do samaritano se dá no caminho, na história humana, entre duas cidades. Acontece no movimento da vida de tantos caminhantes que são verdadeiros peregrinos da esperança.

Segundo – Existe uma pessoa que foi deixada à beira do caminho, que lá não se colocou, que foi assaltada, ou seja, foi-lhe tirado o que era seu: bens, dignidade e esperança. Ser deixado à beira da vida, viver machucado não é escolha das pessoas, que são fruto de uma sociedade que assalta a dignidade, rouba valores, agride a esperança. Nesse texto, existe uma crítica social muito forte: quem são as pessoas que, em nossos dias, são excluídas do caminho e são impedidas de terem acesso à vida? Elas também podem simbolizar grupos, povos, comunidades que são assaltados de várias formas e jogados à periferia da vida. Tantas pessoas vivem dessa forma em nossos dias!

Terceiro – Diante dessa realidade, são três pessoas que passam pelo caminho, veem a mesma realidade e não têm a mesma reação. Isso revela o tipo de olhar que se tem em relação aos seres humanos e aos grupos que encontramos em nossa vida. Os dois primeiros são omissos e ignoram aquele indivíduo, não buscam saber o que se passa. São indiferentes ao ser jogado como também à realidade em que se encontra. Não é difícil imaginar o tipo de palavreado, chavões, moralismos baratos que devem ter saído da boca desses omissos, para justificar sua própria omissão. Com certeza, culparam a vítima e não buscaram os causadores de tal situação.

Quarto – Apenas o Samaritano tem uma atitude diferenciada. Mas ele não é estrangeiro? Sim, os patriotas deixam um de seus concidadãos à margem e seguem. O samaritano é movido pelo amor e pela paixão. O Samaritano faz isso porque sua vida acontecia no espírito do texto relatado por Mateus 25,44: "Então eles lhe responderão, dizendo: Senhor, quando te vimos com fome, com sede, estrangeiro, nu, enfermo, ou na prisão, e não te servimos? Então lhes responderá, dizendo: Em verdade vos digo que, quando a um destes pequeninos não o fizestes, não o fizestes a mim". A vida do profeta Pedro Casaldáliga é outro retrato vivo desta prática de vida compassiva e solidária: "E no final do caminho me dirão: – E tu, viveste? Amaste? E eu, sem dizer nada, abrirei o coração cheio de nomes".

6ª Reflexão – As atitudes do Samaritano merecem ser compreendidas, assimiladas e testemunhadas em nossa práxis de vida diária:

Primeira atitude – Ele para e tenta compreender. Ele também poderia ignorar a pessoa e a situação, ter seguido seu caminho e feito isso se justificando por ser estrangeiro, isto é, não se tratava de um concidadão de seu país. Poderia se justificar como tão facilmente fez o perito da lei. Mas não é isso que acontece.

Segunda atitude – Ele lança um olhar humano e solidário. Esse olhar nasce do coração e traz consigo uma empatia que transcende nacionalidade, opiniões e omissões de outros. No texto podemos observar uma dezena ou mais de atitudes que ele teve para com a pessoa à beira da estrada. Impressiona seu olhar compassivo, bem diferente do olhar do Levita, do Sacerdote e do descomprometido perito da lei. No coração e na ação do Samaritano, há um movimento de aproximação da pessoa jogada, necessitada e só. Ele não teve pena, mas compaixão. Ele se declinou, enfaixou as feridas, colocou-o em sua montaria, levou-o para ser cuidado, isto é, não deu por encerrada sua ação e continuou solidário mesmo quando seguiu seu caminho.

Terceira atitude – Transcende a lei de ouro. O Samaritano não só realiza a lei de ouro – "amar ao próximo como a si mesmo" – como também realiza a lei de platina, isto é, "faz ao outro o que ele gostaria que fizesse a ele". A Lei de platina é o mandamento da empatia, da verdadeira compaixão e da sincera solidariedade. Portanto o amor do Samaritano é movido por dois critérios: fez o que o outro gostaria que lhe fizesse e, ao mesmo tempo, tomou a si mesmo como critério, pois não gostaria de estar ou ficar à beira do caminho. O nome desse amor combina com reciprocidade, com gratuidade e com responsabilidade.

Quarta atitude – O amor verdadeiro não tem preço. O samaritano foi mais longe. Ele cuidou e pediu que cuidassem dele enquanto estivesse ausente e avisou que na volta pagaria o custo desses cuidados. Se o Samaritano tivesse a lógica do perito da lei, poderia ter feito como o Sacerdote e o Levita. Ou poderia ter feito o mínimo: socorrer o homem à beira da estrada e encaminhá-lo a um lugar de cuidados. Mas não, ele foi além. Fez tudo isso e assumiu as consequências em termos de cuidados e de custos. Revelou assim que o amor ao próximo tem atitudes, tem cuidados e tem custos, mas que esse tipo de amor não tem preço!

7ª Reflexão – Ser Mestre é ser pedagogo e agir com sabedoria. Agora não é mais o perito da lei que pergunta, mas é Jesus: "Qual desses três você acha que foi o próximo do homem que caiu nas mãos dos assaltantes?" Geralmente uma boa pergunta é mais importante que muitas respostas. E o perito responde que o próximo do assaltado foi "aquele que teve misericórdia dele". Porém saber responder com exatidão não basta. É preciso entrelaçar a compreensão com a ação, é passar do verbo saber para o imperativo categórico do fazer. E Jesus é claro quando diz: "Vá e faça o mesmo". Portanto coloque-se em um duplo movimento: tome a iniciativa, saia de si e viva o mesmo espírito do samaritano em sua vida.

8ª Reflexão – Segundo a Parábola, o próximo não é quem está próximo de nós, mas é de quem nos aproximamos. Não é a proximidade geográfica que determina nosso próximo, mas aquele de quem nos fazemos próximos. A proximidade não é dada pelo contexto, mas pela atitude interna de empatia em forma de compaixão e de solidariedade. Existem pessoas que vivem debaixo do mesmo teto, dormem na mesma cama, trabalham no mesmo espaço físico, sentam-se à mesma mesa e não são próximas, de acordo com essa parábola, porque não existe um olhar de preocupação e de compreensão, não existe movimento na direção do outro e não existem iniciativas de compaixão, de cuidados e de amor verdadeiro. "Empatia é saber enxergar a alma do outro sem julgar nada do que está ali, é respeitar o espaço e o tempo de cada um, e é compreender que as dores pesam de jeitos diferentes dentro de cada pessoa. Nem sempre o que é fácil para você, também vai ser para o outro" (Gabriela Freitas).

9ª Reflexão – Ser próximo é escolha e iniciativa, é estar disposto e disponível como estilo de vida. Ser próximo nasce do olhar que compreende, da preocupação que se aproxima, da humildade que se abaixa, dos cuidados para com todos os que estão à beira da estrada, isto é, pessoas excluídas e assaltadas em relação a seus bens, em sua dignidade, autoestima e em seu respeito. Viver com sentido pode estar na escuta e na aproximação de tantas pessoas que choram silenciosamente em suas dores, pode ser seu parceiro de vida, filho, vizinho, alguém que sofre bullying, racismo, vítima de homofobia, machismo, violência familiar ou qualquer tipo de dor.

10ª Reflexão – É importante tomar consciência de que a pessoa que espera uma decisão de compaixão e de amor solidário pode ser você mesmo. "Já passei por algumas noites em que eu tive de me abraçar, tive de me acalmar enquanto desmoronava sobre o travesseiro e tive de me aconselhar diante do espelho no momento em que lágrimas escorriam para me limpar. Com isso, aprendi que todos podem me deixar, mas, desde que eu não me abandone, ficarei bem" (Jey Leonardo).

A vida é movimento na ação, reconfiguração na travessia. "Há um tempo em que é preciso abandonar as roupas usadas, que já têm a forma de nosso corpo, e esquecer nossos caminhos, que nos levam sempre aos mesmos lugares. É tempo de travessia; e, se não ousarmos fazê-la, teremos ficado, para sempre, à margem de nós mesmos" (Fernando Pessoa).

É importante fazer com você mesmo o que o Samaritano fez com a pessoa jogada à beira da estrada: ter um olhar de amor e empatia, movimento de compaixão e de aproximação. Talvez seja hora de você se inclinar sobre suas dores, cuidar de suas feridas e deixar-se ajudar. Além disso, dirigir-se aos que estão à beira é encontrar-se como pessoa inteiramente humana, reconhecer-se solidário e, acima de tudo, mergulhar no sentido da vida: "Faça isso e viverás". Pois, sem este comprometimento, haverá justificativas e explicações, uma vida passando diante de seus olhos como um filme sem você ser a atriz ou o ator principal. É preciso viver e não apenas existir como uma pedra, uma árvore ou um animal. "E viverás": viver supõe decisão na direção do outro, que é o melhor espelho que já foi inventado e está disponível em nossos caminhos, à beira das estradas, nas casas, nas comunidades e na sociedade como um todo. Mário Quintana diz de forma poética que "os espelhos partidos têm muito mais luas", sobretudo quando juntamos os retalhos que a vida nos deixa e com eles costuramos uma nova colcha.

O tipo de relação com os outros nos faz ser e reconhecer como pessoas humanas. E ir ao encontro do outro é nos encontrar. A verdadeira comum-união se dá quando nosso olhar conecta com o olhar do outro, quando a esperança do coração do outro sintoniza os desejos de nosso coração, quando duas liberdades, duas sensibilidades e duas histórias se colocam a caminho em busca de um novo amanhecer.

"Todo sofrimento é único
e todo sofrimento é comum.
É preciso dizer
essa segunda verdade
quando eu sofro
e a primeira
quando vejo outros sofrerem."
(Henri de Lubac)

JESUS LAVA OS PÉS DOS DISCÍPULOS

"É que tem mais chão em meus olhos
do que cansaço em minhas pernas,
mais esperança em meus passos
do que tristeza em meus ombros,
mais estrada em meu coração
do que medo em minha cabeça."
(Cora Coralina)

Neste capítulo, vamos mergulhar no sentido do Lava-pés. Esse modo de viver foi iniciado por Jesus na Quinta-feira Santa. É um gesto inesperado e chocante: não só para seus Apóstolos como também para todos nós. É uma atitude de vida, que tem uma enorme força de esperança e um decisivo valor pedagógico para todos nós. Santo Agostinho já dizia: "Quando o corpo se inclina até o pé do irmão, acende-se no coração o sentimento de humildade".

O texto bíblico sobre o lava-pés está em João 13,1-17

"Um pouco antes da festa da Páscoa, sabendo Jesus que havia chegado o tempo em que deixaria este mundo e iria para o Pai, tendo amado os seus que estavam no mundo, amou-os até o fim.

Jesus levantou-se da mesa, tirou sua capa e colocou uma toalha em volta da cintura.

Depois disso, derramou água em uma bacia e começou a lavar os pés de seus discípulos, enxugando-os com a toalha que estava em sua cintura.

Depois que lhes lavou os pés, tomou suas vestes, assentou-se outra vez à mesa e disse-lhes: 'Entendeis o que vos tenho feito?

Pois bem, se eu, sendo Senhor e Mestre de vocês, lavei seus pés, vocês também devem lavar os pés uns dos outros.

Eu dei o exemplo, para que vocês façam como lhes fiz.

Digo verdadeiramente que nenhum escravo é maior do que seu senhor, como também nenhum mensageiro é maior do que aquele que o enviou.

Agora que vocês sabem estas coisas, felizes serão se as praticarem'".

Interpretação sob a ótica pedagógica

Sugiro sete pistas e sete reflexões, acentuando a ótica e dimensão pedagógicas de Jesus, testemunhado na vivência do Lava-pés:

Primeira pista – Esse episódio se dá exatamente antes do mistério pascal, isto é, antes da passagem da morte para a plenitude da vida. Ele nos convida a passarmos para uma vida de serviço humilde e solidário. A presente citação assim termina: "Agora que vocês sabem estas coisas, felizes serão se as praticarem". Novamente o acento está não no saber, mas na realização, no fazer, na prática de vida. Impressiona como a dimensão prática é determinante para uma vida ter cor e sabor.

Segunda pista – Jesus tem consciência de sua missão neste mundo. Sente, pelo desenrolar dos acontecimentos, que sua vida corre sérios riscos e que seu fim é iminente. E, embora exista um movimento de oposições e fanatismo de grupos religiosos e políticos, ele não tem medo, não se acovarda, não perde sua lucidez e liberdade e não esquece jamais seu profundo e fiel amor pelo qual veio morar no coração da humanidade: "Tendo amado os seus que estavam no mundo, amou-os até o fim". O amor não tem fim. Seguir os passos do Mestre é ser persistente na missão e viver como verdadeiro discípulo. "Um homem não está acabado quando enfrenta a derrota. Ele está acabado quando desiste", diz Richard Nixon.

Terceira pista – Jesus toma uma iniciativa e nela observamos inúmeras outras. Ele não está condicionado pelo tempo, pelas opiniões alheias ou pelos indicativos externos. O coração de Jesus está onde a vida precisa florescer. Nos versículos 3 e 5, vimos oito iniciativas em forma de atitude:

1. **"Levanta-se da mesa"** – Jesus sai do aconchego da mesa. Levantar-se tem um significado especial, pois servir necessita de movimento, exige saída da passividade e do comodismo. Levantar-se revela um olhar solidário sobre algo que deseja ser realizado, como fora testemunhado ao longo de toda a sua vida.
2. **"Fica de pé"** – é uma expressão corporal que vem da prontidão interna: para deslocar-se do próprio contexto em que vive até o lugar do outro. Ficar de pé revela dinamismo e coragem. Não está em jogo um movimento teatral, mas um movimento de prontidão. Com essa postura, Jesus desafia seus seguidores a lançarem um novo olhar ou um novo ângulo no jeito de viver.

3. "Tira sua capa" – pode simbolizar tirar o velho, o passado e tudo o que carregava nas costas. Ele mesmo se despoja de tudo o que pode impedir ou atrapalhar este novo momento e movimento. O poder está em uma nova roupagem, no desapego e na liberdade.

4. "Coloca uma toalha na cintura" – isto é, troca a capa pela toalha-avental. Enquanto algumas autoridades religiosas de seu tempo faziam questão de servir como senhores, Jesus inverte essa lógica e serve como servo. Tirar a capa é desnudar-se de todas as capas do poder, de falsas aparências e de prestígio. Afinal, amar não é colocar-se distante do outro, mas próximo. A estola que os padres usam, com várias cores conforme o tempo litúrgico, vem do gesto do lava-pés. Ela tem relação com a toalha. Portanto não é sinal de poder do padre, mas sinal do poder enquanto serviço sincero, verdadeiro e humilde.

5. "Derrama água em uma bacia" – com isso Ele denuncia uma relação servil de sua época, em que o servo preparava a bacia com água para que o senhor lavasse os pés de outro. Aqui é Jesus que se faz de servo e assume os preparativos.

6. "Começa a lavar os pés" – ou seja, abaixar-se à terra da realidade humana. A água é derramada com extrema delicadeza, extremo carinho e profundo respeito. "Qualquer coisa que você possa fazer ou sonhar você pode começar", diz Johann Goethe. E Jesus se faz próximo, lava os pés empoeirados pela crueza da realidade da vida.

7. "Enxuga os pés com a toalha que estava em sua cintura" – ele faz o serviço completo e deixa a pessoa pronta para também ser gesto de amor.

8. "Assenta outra vez à mesa" – depois de lavar os pés dos discípulos. Ele volta à mesma mesa, porém diferente. Repõe a capa, mas não tira a toalha. Revela um novo modo de ser: o amor solidário tem como marca e carimbo da toalha. Ela sela e autentica o verdadeiro amor: o amor em forma de serviço.

Quarta pista – Somente depois dessa ação, é que Jesus fala, interpreta, ensina. O fazer vem antes do dizer, o testemunho vem antes da interpretação, a prática vem antes da teoria. "Pois bem, se eu, sendo Senhor e Mestre de vocês, lavei seus pés, vocês também devem lavar os pés uns dos outros." O belo texto do Profeta Isaías no capítulo 43 projeta luz sobre essa reflexão quando afirma: "Eis o que diz Aquele que te fez sair da escravidão". O Deus dos cristãos age antes de falar. Sua palavra tem credibilidade porque nasce no coração de uma ação, e isso lhe dá uma coerência incontestável. Por isso que o texto tem tanta força: "Não tenha medo, porque eu te resgatei e te chamei pelo nome. Eu te amo. Tu és meu!" (Isaías 43,1-3). Nosso testemunho de vida vem antes da pregação, e a palavra vivida vem antes da palavra dita.

Quinta pista – Lavar os pés uns dos outros não é um ato de humilhação, mas um gesto e uma atitude de profunda humildade. Não é um movimento de propaganda ou de mera aparência, mas é mergulho na realidade que norteia a justiça humana e divina: "nenhum escravo é maior do que seu senhor, como também nenhum mensageiro é maior do que aquele que o enviou". Nos sonhos de Deus com a humanidade, não existe o mais ou o menos, nem o superior e o inferior. Não existe a lógica da comparação, mas existem pessoas, cada uma única, amada e irrepetível. O pano de fundo não é a uniformidade, mas a unidade dentro da pluralidade. O foco sempre está no ser humano e no que pode dar verdadeiro sentido a sua vida.

Sexta pista – É importante e urgente saber viver. O texto termina acenando para o verbo saber que nasceu da prática de Jesus: "Agora que vocês sabem estas coisas, felizes serão se as praticarem". Não se trata de uma imitação do gesto de Jesus que lava os pés, mas mergulhar e se mover no espírito do lava-pés em nossos dias, com as pessoas de hoje e nos variados contextos reais existenciais de nosso tempo. O espírito e a mística do lava-pés estão no servir: "Eu vim para servir e não para ser servido" (Marcos 10,45). Trata-se de um movimento "ad extra", para fora, para os outros, movimento altruísta, empático e solidário. Todos os verbos no texto do lava-pés são dinâmicos e estão no movimento de quem toma iniciativas. "Quem não vive para servir não serve para viver", afirma Mahatma Gandhi.

Sétima pista – Em um olhar atento e contemplativo do lava-pés e de todos os gestos e movimentos que o constituem, é possível ver uma dignidade em tudo o que acontece. Não há agressividade, nem atropelos, nem pressa, nem desrespeito, nem coação de qualquer tipo que seja. Existe uma dinâmica sagrada, com ritos todos eles significativos. Talvez estejamos diante de uma narrativa que nos convida a nunca perdermos nossas raízes. Seria importante retomar a linguagem dos gestos, que facilmente se perde no corre-corre da vida, e, por meio deles, transformar nossa vida em serviço.

Depois dessas ponderações, é possível compreender mais do coração humano e verdadeiro de Jesus, que sente a iminência de seu fim, sem se fazer de vítima e sem se esconder, e testemunha o que dá sentido ao viver. De forma simples e pedagógica vivencia uma das cenas mais importantes da vida: aprender a servir, aprender a fazer do dia a dia um serviço.

"Ninguém oferece flores.
A flor em sua fugaz existência já é oferenda.
Talvez, alguém, de amor, ofereça-se em flor.
Mas só a semente oferece flores."

(Mia Couto)

NO CAMINHO DE EMAÚS

"Um caminho para a luz,
que queira evitar a sombra,
arrisca-se a ser um caminho de ilusão."
(Gräf Durckheim)

O texto bíblico que fala dos Discípulos do povoado de Emaús traz uma riqueza de vida muito importante. A postura de Jesus no caminho de Emaús, sua relação com os dois discípulos e sua forma firme e respeitosa de ser projetam luz sobre nossa missão no mundo de hoje e sobre um jeito pedagógico de ser, viver e conviver.

O texto bíblico sobre os Discípulos de Emaús está em Lucas 24,13-35

"Naquele mesmo dia, o primeiro da semana, dois discípulos estavam indo para um povoado chamado Emaús, a onze quilômetros de Jerusalém.

No caminho, conversavam a respeito de tudo o que havia acontecido.

Enquanto conversavam e discutiam, o próprio Jesus se aproximou e começou a caminhar com eles; mas os olhos deles foram impedidos de reconhecê-lo.

Ele lhes perguntou: 'Sobre o que vocês estão discutindo enquanto caminham?' Eles pararam, com os rostos entristecidos.

Um deles, chamado Cleopas, perguntou-lhe: 'Você é o único visitante em Jerusalém que não sabe das coisas que ali aconteceram nestes dias?'

'Que coisas?', perguntou ele.

'O que aconteceu com Jesus de Nazaré', responderam eles. 'Ele era um profeta, poderoso em palavras e em obras diante de Deus e de todo o povo. Os chefes dos sacerdotes e nossas autoridades o entregaram para ser condenado à morte e o crucificaram; e nós esperávamos que era ele que ia trazer a redenção a Israel. E hoje é o terceiro dia desde que tudo isso aconteceu. Algumas das mulheres entre nós nos deram um susto hoje. Foram de manhã bem cedo ao sepulcro e não acharam o corpo dele. Voltaram e nos contaram ter tido uma visão de anjos, que disseram que ele está vivo. Alguns de nossos companheiros foram ao sepulcro e encontraram tudo exatamente como as mulheres tinham dito, mas não o viram.'

Ele lhes disse: 'Como vocês custam a entender e como demoram a crer em tudo o que os profetas falaram! Não devia o Cristo sofrer estas coisas, para entrar em sua glória?'

E, começando por Moisés e todos os profetas, explicou-lhes o que constava a respeito dele em todas as Escrituras. Ao se aproximarem do povoado para o qual estavam indo, Jesus fez como quem ia mais adiante. Mas eles insistiram muito com ele: 'Fique conosco, pois a noite já vem; o dia já está quase findando'. Então, ele entrou para ficar com eles.

Quando estava à mesa com eles, tomou o pão, deu graças, partiu-o e o deu a eles. Então os olhos deles foram abertos e o reconheceram, e ele desapareceu da vista deles.

Perguntaram-se um ao outro: 'Não estava queimando nosso coração enquanto ele nos falava no caminho e nos expunha as Escrituras?'

Levantaram-se e voltaram imediatamente para Jerusalém. Ali encontraram os Onze e os que estavam com eles reunidos, que diziam: 'É verdade! O Senhor ressuscitou e apareceu a Simão!'

Então os dois contaram o que tinha acontecido no caminho e como Jesus fora reconhecido por eles quando partia o pão."

Interpretação sob a ótica pedagógica

Esse texto é rico em sentido e em detalhes. Vamos destrinchá-lo cuidadosamente, atentos ao sentido que tudo isso pode ter para nós. Seguiremos 13 interpretações concatenadas, dentro da sequência lógica do próprio texto bíblico.

Primeira interpretação – O primeiro dia da semana não é a segunda-feira, mas o domingo. Isso se deve à Ressurreição de Jesus, que venceu a morte e instaurou um novo tempo para a humanidade. A vida nova se dá com a vitória do bem sobre o mal, na passagem da noite para a luz do dia e da morte para a vida. O que acontece com os dois discípulos de Emaús acontece na caminhada de todos nós.

Segunda interpretação – Os dois discípulos estão a caminho, em movimento. Tem diante de si em torno de onze quilômetros. De carro não seria muito, mas a pé é uma boa distância, que é aumentada quando se caminha na decepção, na tristeza, na incredulidade e no desânimo. Cada passo, dentro desse contexto, pesa muito e traz uma conotação de não chegar nunca ao endereço desejado. As subidas não acabam nunca! Mas é preciso caminhar. É fácil imaginar o rosto dos dois discípulos, o tipo de olhar e os silêncios gritantes que ressoaram dentro deles. Podemos imaginar o tipo de conversa diante de uma decepção profunda, de uma esperança alimentada por anos e enterrada com a morte de seu Mestre.

Terceira interpretação – Enquanto conversam sobre tudo o que viveram nos últimos tempos, eis que Jesus se aproxima e caminha com eles. Esse movimento ressalta o lado humano e pedagógico de Jesus: Ele é o Deus da proximidade e que faz caminho com os caminhantes; Ele é o Deus que decide ir ao encontro dos desanimados: "O próprio Jesus se aproximou e começou a caminhar com eles". Aproximar-se e caminhar com eles supõe empatia e profunda compaixão solidária: ele caminha "com eles", ao lado deles. Ele não anda na frente nem atrás deles, mas com eles. Jesus caminha com eles, e também Ele faz seu caminho ao caminhar.

Quarta interpretação – O jeito de caminhar de Jesus é profundamente respeitoso: não entra de sola na conversa, não chega cobrando, não está armado com um falso moralismo, não é agressivo. Pelo contrário, ele entra em sintonia com o sotaque dos discípulos e no ritmo da respiração deles. Na caminhada, desperta outro lado pedagógico importante, isto é, faz com que eles falem, desabafem, coloquem para fora tudo o que estão sentindo. Essa postura faz com que os discípulos não só verbalizem o que aconteceu, como também interpretem o acontecido e tomem sua vida em suas mãos: compreendendo e diminuindo a profunda dor que perpassa seu coração. O jeito de ser e de proceder de Jesus provoca entendimento, lucidez e abre o caminho da compreensão e do reconhecimento.

Quinta interpretação – Jesus não só deixa falar, mas ajuda na interpretação de tudo o que acontecera. O discípulo Cleopas chega a ser ríspido com Jesus ao lhe perguntar: "Você é o único visitante em Jerusalém que não sabe das coisas que ali aconteceram nestes dias?" Jesus não perde sua paz interior diante disso nem desce ao mesmo nível. Ele escuta, acolhe o desabafo e os faz sair desse estado de decepção e de dor profundas. O método que Jesus adota é o das perguntas, pois elas fazem mergulhar para dentro da pessoa. "Que coisas?", perguntou Ele. E eles narram fidelissimamente o que acontecera. Mas ficam apenas na narrativa e não no que está presente em sua história, em suas entrelinhas.

Sexta interpretação – Aí sim entra uma nova postura de Jesus: firme, não agressiva, desafiadora e assertiva, corajosa e humilde. Ele lhes diz: "Como vocês custam a entender e como demoram a crer em tudo o que os profetas falaram! Não devia o Cristo sofrer estas coisas, para entrar na sua glória? E, começando por Moisés e todos os profetas, explicou-lhes o que constava a respeito dele em todas as Escrituras". Ele leva os discípulos a fazerem uma releitura interpretativa. A diferença está em não ler apenas os fatos, mas também ver e compreender a ação de Deus por meio desses acontecimentos. Jesus faz com que eles compreendam o sentido da história, e é isso que faz abrir os olhos. É preciso ver com as lentes da fé na história, as quais transcendem um mero olhar factual e recente.

Sétima interpretação – E o caminho continua sendo feito: na persistência e na compreensão, agora com um novo olhar: da fé dentro da dinâmica dos acontecimentos. E, "ao se aproximarem do povoado para o qual estavam indo, Jesus fez como quem ia mais adiante". Isso não é uma brincadeira ou um joguinho que Jesus faz com eles, mas um desafio à liberdade e à profunda humanidade dos discípulos, agora com uma compreensão dos acontecimentos.

Oitava interpretação – E qual é a reação dos dois discípulos? "Eles insistiram com ele: 'Fique conosco, pois a noite já vem; o dia já está quase findando'". O jeito humano de ser de Jesus, ao se aproximar deles e caminhar com eles, agora é retribuído com uma postura também muito humana: "Fique conosco". Ele aceita o convite e entra para ficar com eles. Eles dizem que o dia, isto é, a luz do dia está indo embora e a noite já vem. Esses dias foram verdadeiras noites bem escuras na vida dos discípulos. E agora, ao anoitecer, compreendem uma nova luz em suas vidas. A experiência da Ressurreição – a presença viva de Deus na vida das pessoas – tem de produzir frutos e se manifestar na ação. A humanidade, que foi entristecida pela decepção, incredulidade e desânimo, readquire novas cores por meio do convite feito pelos discípulos, que ofereceram sua casa.

Nona interpretação – E Jesus aceita o convite porque veio do desejo e da liberdade dos discípulos. Deus jamais força nossa liberdade, jamais intervém porque nos criou livres. Os verbos "entrar" na casa e "ficar" na casa o tempo necessário são reais e simbolicamente sugestivos. Muitas vezes precisamos compreender que é necessário adentrar-se para águas mais profundas. É preciso entrar no mistério da vida para compreendê-lo.

Décima interpretação – O reconhecimento definitivo acontece na partilha. Quando está à mesa com eles, toma o pão, dá graças, parte-o e o dá a eles. Então os olhos deles são abertos e o reconhecem, porque só reconhecemos o que já conhecemos. Os olhos se abrem na partilha e na mesa da fraternidade. Nós reconhecemos nossos verdadeiros amigos na convivência e na partilha, do que somos e de nós mesmos.

Décima primeira interpretação – Parece estranho porque "Jesus desapareceu da vista deles". Ele permanece o tempo necessário para os olhos se abrirem, o coração vibrar e o reconhecimento acontecer. A presença do Ressuscitado é plural, surpreendente e sempre deixa marcas profundas. Tudo tem a duração necessária, como, por exemplo: os momentos de profunda felicidade não são muito demorados, mas o tempo necessário para nos encorajar e significar o viver. Quando visitamos familiares, amigos ou conhecidos, nós ficamos com eles o tempo necessário para de lá sairmos fortalecidos. Jesus fica na casa dos dois discípulos o tempo necessário para o reconhecimento ser possível e os olhos se abrirem para eles voltarem a enxergar a vida com novos olhos.

Décima segunda interpretação – E, novamente, a interpretação dos fatos e dos sentimentos se faz presente, não mais provocada por Jesus, como foi ao longo do caminho, mas provocada pelos próprios discípulos. Eles mesmos perguntam um ao outro: "Não estava queimando nosso coração enquanto ele nos falava no caminho e nos expunha as Escrituras?" A interpretação dos sentimentos experimentados na caminhada é como lâmpada para os pés dos peregrinos, a qual ilumina a caminhada. A ressurreição se manifesta e é sentida quando nosso coração se abrasa e quando o viver adquire um novo ardor e novas expressões.

Décima terceira interpretação – E o que acontece com os dois discípulos? Voltam para onde a tristeza os tirou, de onde não deveriam ter saído. Eles voltam para a comunidade, para junto do grupo, para o contexto da passagem da morte para a vida. "Levantaram-se e voltaram imediatamente para Jerusalém. Ali encontraram os Onze e os que estavam com eles reunidos, que diziam: É verdade! O Senhor ressuscitou e apareceu a Simão! Então os dois contaram o que tinha acontecido com eles no caminho e como Jesus fora reconhecido por eles na partilha do pão." A comunidade acolhe e celebra a força de cada experiência pascal vivida por pessoas diferentes. Essa vivência destrava as janelas, abre as portas e dissipa o medo. A Ressurreição é a convocação para uma nova missão: pregar a Boa-Nova a todas as pessoas. A morte não tem mais a última palavra. A última e decisiva palavra é da vida, da esperança e do amor.

Concluo este capítulo com uma importante citação da poetisa, teóloga e ativista dos Direitos Humanos da Guatemala, Júlia Esquivel, que compartilha conosco sua contundente experiência e esperança de vida: "Já não tenho medo da morte. Conheço muito bem seu corredor escuro e frio que conduz à vida. Tenho medo dessa vida que não surge da morte que faz tremer as mãos e retardar nossa marcha. Tenho medo do meu medo e ainda mais do medo dos outros que não sabem aonde vão e seguem presos a algo em que acreditam que é vida, e nós sabemos que é morte. Vivo cada dia para matar a morte, morro cada dia para parir a vida".

Esse é muito mais que a concatenação de frases é um testemunho de amor que se transformou em convicção de vida.

"Mantenha seus medos consigo,
mas compartilhe sua coragem com os outros."
(Robert Louis Stevenson)

NO PARADOXO DOS PEDAGOGOS

"Nada lhe posso dar que já não exista em você mesmo.
Não posso abrir-lhe outro mundo de imagens,
além daquele que há em sua própria alma.
Nada lhe posso dar a não ser a oportunidade,
o impulso, a chave. Eu o ajudarei
a tornar visível seu próprio mundo, e isso é tudo."
(Hermann Hesse)

Ser pedagogo é contemplar...
A estrela na escuridão e a ternura na seriedade,
O grande no pequeno e o universal no particular,
O silêncio no barulho e a flor em cada espinho.

Ser pedagogo é buscar e encontrar...
A compreensão no olhar e a oportunidade no recomeçar,
A solidariedade no abraço e as possibilidades no espaço,
A leveza no perdão e a esperança na compaixão.

O pedagogo reconhece...
A presença dos ausentes e o mistério dos contentes,
O encontrar-se na solidão e o bom humor nas preocupações,
O doce no amargo e a prudência nos passos largos.

O pedagogo agradece e engrandece...
A música na natureza e a generosidade na gentileza,
O futuro pulsando na confiança e a sabedoria na experiência,
A unidade na pluralidade e a flexibilidade no organizado.

O pedagogo valoriza...

A responsabilidade na liberdade e a qualidade na quantidade,

A serenidade na coragem e o recomeço na chegada,

A calma na agitação e o prazer na realização.

O pedagogo nos pega na mão, estica o coração e desperta uma nova direção.

Ele nos faz conectar e mergulhar na eternidade no tempo

E discernir os sentimentos de cada momento.

O pedagogo nos traz para a vida presente como presentes

E nos leva para passear pelos bosques que ainda estão nas sementes.

"Quero, um dia, poder dizer às pessoas
que nada foi em vão...
Que o amor existe, que vale a pena
se doar às amizades e às pessoas,
que a vida é bela sim
e que eu dei sempre o melhor de mim...
E que valeu a pena."
(Mário Quintana)

ALGUNS DADOS BIOGRÁFICOS DE CANÍSIO MAYER

Canísio Mayer é Educador, Palestrante, Assessor e Coordenador de Cursos, Treinamentos e Encontros de Formação. É filósofo, teólogo, poeta e autor de mais de 40 livros sobre variadas temáticas. Fala Alemão, Francês, Espanhol e Português. Tem larga experiência de vida e trabalhos com diferentes sensibilidades culturais em todas as regiões do Brasil e também no México, na França, em Portugal, no Paraguai, no Uruguai, entre outros.

É Bacharel em Filosofia pela Universidade Federal de Minas Gerais (UFMG, 1984-1987). É Bacharel em Teologia pelo Centro de Estudos Superiores de Belo Horizonte, Minas Gerais (1989-1993). É Mestre em Filosofia-Teologia, pelo Centre Sèvres, Paris, França (1998–2000). É formado em Cursos de Dinâmicas, pela Associação Paulista de Recursos Humanos, em 2004.

Coordena Cursos e faz Palestras sobre: O que dá Sentido à sua Vida? A importância de tomar decisões acertadas (Não soluce, Solucione); Mística de vida para os nossos tempos; A Empatia com estilo de vida; Dinâmicas de Grupo, Retiros, Encontros de Formação; Desafios na Arte de Educar; Autoconhecimento e Autoestima como fontes para Relações humanas saudáveis; Dois Olhares: sobre o Homem e a Liberdade; Como lidar com o cansaço no trabalho remoto; A Educação sob a ótica de atitudes pedagógicas; Como começar bem uma jornada de trabalhos; Motivação e trabalho em equipe; A ética no viver e conviver, entre outras temáticas.

ALGUNS DOS LIVROS DE CANÍSIO MAYER

1. *O que dá sentido à sua vida* – Ideias e Letras, SP, 2019.
2. *Não soluce, solucione* – A importância de tomar boas decisões – Paulus, SP – 2015.
3. *Viver e Conviver* – Dinâmicas e Textos para diferentes momentos – Paulus Editora, 1998, 240 páginas, São Paulo, SP.
4. *A Vida em Poesia* – Santuário – Aparecida, SP, 2013.
5. *Amor em Poesia* – Santuário – Aparecida, SP, 2015.
6. *No Sotaque do Andar* – Roteiros de encontros de formação, Vozes, 2005.
7. *No Sotaque do Amar* – Roteiros de encontros de formação, Vozes, 2005.
8. *Dinâmicas cinco estrelas* – Editora Paulus, SP, 2008.
9. *Sabedoria Poética* – Livro de Poesias – Paulus, 2010.
10. *A Educação em Poesia* – Paulus, SP, 2014.
11. *Só por Hoje* – 365 dicas de vida – Paulus, SP, 2015.
12. *Poéticas de Varanda* – 3500 frases de sabedoria de vida – Paulus, SP, 2015.
13. *Dinâmicas de grupo* – Ampliando a capacidade de interação. 2ª edição. Editora Papirus, Campinas, 2005.
14. *Dinâmicas Criativas* – Vetor editora, SP, 2012.
15. *Por uma educação de valor* – Paulinas, SP, 2012.
16. *Dinamizando a vida* – Dinâmicas de grupos e textos sugestivos. Ed. Celebris. SP, 2005 (Livro indicado ao prêmio Jabuti em 2006).
17. *O poder de transformação* – Papirus Editora, Campinas, SP, 2007.
18. *Dinâmicas para desenvolver o crescimento pessoal e coletivo* – Editora Vozes, Nova Petrópolis, RJ, 2007.

19. *Manual de Dinámicas* – Dinámicas creativas para diferentes momentos de la vida. Palabra Ediciones, México, Distrito Federal, 2008.
20. *Na Dinâmica da Vida* – Livro de Dinâmicas de Grupos, Editora Vozes, 2004.
21. *Dinâmicas de grupo e Textos criativos* – Editora Vozes, Nova Petrópolis, RJ, 2007.
22. *100 Orações para os melhores momentos da vida* – Santuário, Aparecida, SP, 2013.
23. *70 Orações para encorajar o viver* – Santuário, Aparecida, SP, 2022.
24. *Dinâmicas Pedagógicas* – Ideias e Letras, SP, 2015.
25. *A Educação sob a ótica de Atitudes Pedagógicas* – Ideias e Letras, São Paulo, SP, 2022.
26. *Entre outros* em vias de publicação.

ÍNDICE

Este livro foi composto com as famílias tipográficas Britannic Bold, Berlin Sans FB, Bebas Neue e Sabon LT Proe impresso em papel Book Ivory 65gr pela **Gráfica Santuário.**